AF454475

RELATION

DE LA COUR DE FRANCE

EN 1699;

PAR LE CHEVALIER ERIZZO,

AMBASSADEUR DE VENISE.

IMPRIMÉE POUR LA SOCIÉTÉ DES BIBLIOPHILES FRANÇAIS

Année 1826.

Cette dépêche du chevalier Erizzo, ambassadeur de la république de Venise près la cour de France depuis 1694 jusqu'à la fin de mars 1699, a dû être rédigée vers les mois de février et de mars 1699, puisqu'elle fait mention de la mort du prince électoral de Bavière, arrivée le 6 février 1699, et qu'Erizzo quitta Paris en mars de la même année. Elle renferme des particularités intéressantes sur Louis XIV et sur sa famille, et prouve que le mariage du grand roi avec madame de Maintenon passait alors à Versailles pour un fait incontestable, et qu'il n'y manquait que la publicité. Le peu de détails qu'elle donne sur le duc de Bourgogne, dont les qualités développées par ses illustres instituteurs promettaient un règne si fortuné à la France, redouble nos regrets sur la mort prématurée de ce jeune prince.

Cet écrit porte un grand caractère de vérité, car un ambassadeur écrivant à son gouvernement, et surtout à un gouvernement aussi sévère et aussi ombrageux que le fut toujours la république de Venise, devait être bien certain de tous les faits qu'il avançait dans ses dépêches secrètes.

Le manuscrit de cette relation est conservé dans le cabinet de **M.** Bérard, membre de la Société.

M. Van-Praet, dont la complaisance est inépuisable, a bien voulu me communiquer un volume manuscrit contenant la liste des dons faits, sous le règne de Louis XIV, aux ambassadeurs des puissances étrangères en France. J'en ai extrait les deux articles suivans qui ont rapport à Érizzo :

« 27 octobre 1695. A madame Érizzo, femme de l'ambassadeur de Venise, une croix de diamans de 11,850 fr., en considération de ce que S. M. a tenu un de ses enfans sur les fonds de baptême.

« 24 janvier 1699. Donné à M. Érizzo, ambassadeur, une boëte de diamans de 3,332 fr., une chaîne et médaille d'or de 6,002 fr.; et à son secrétaire, une chaîne et une médaille de 1,503 fr. (On ne dit pas à quelle occasion). »

H. de Chateaugiron.

IMPRIMERIE DE FIRMIN DIDOT,
RUE JACOB, N° 24

<div style="text-align:center">~~~~~~</div>

RELATION
DE LA COUR DE FRANCE,

COMPOSÉE

PAR M. LE CHEVALIER ERIZZO,

AMBASSADEUR DE LA RÉPUBLIQUE DE VENISE.

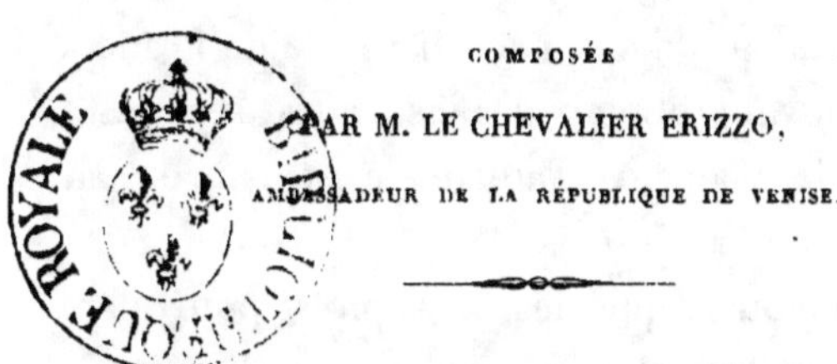

J'AI réservé à parler du Dauphin et de ses trois fils, comme n'ayant jusques à présent aucune part aux affaires, et pouvant en avoir beaucoup dans le grand événement de la succession des Espagnols, soit par le prédécès de Sa Majesté très-chrétienne, soit par la considération qu'elle voudra avoir pour le droit qui paraît ne pouvoir plus être abandonné honnêtement, depuis que la mort du prince électoral de Bavière en a ôté le prétexte. La proposition avancée que les Espagnols pourraient prétendre d'être en droit d'élire un roi, comme si la race royale était éteinte, et qu'il n'y eût plus d'héritiers habiles, est si fort démentie par toutes les lois, et l'usage, et l'exemple presque récent de

1.

Jeanne-la-Folle, qui a porté les Espagnes dans la maison d'Autriche, qu'elle ne peut seulement être écoutée; cependant c'est sur un si mauvais principe que le roi de Portugal se présente et forme des cabales et des prétentions. Son meilleur droit serait le concours de la maison royale de France, qui, ne pouvant obtenir les Espagnes, se consolerait par le malheur d'autrui, c'est-à-dire, par l'exclusion de la maison d'Autriche.

Il faut avouer que les Espagnols pourraient trouver de telles convenances dans ce choix, que leur intérêt ne souffrît pas de mettre l'archiduc en balance contre Don Pedro; et si Dieu le permettait, ne serait-ce pas une punition visible, et un juste retour de l'injuste invasion du Portugal?

Si la maison de Bragance ne peut trouver les ouvertures nécessaires à ce dessein; si elle se souvient qu'après avoir été détrônée, elle n'en doit jamais pardonner l'injure, mais faire ses efforts à ce que le Diable règne plutôt en Espagne qu'un prince d'Autriche; si elle ne doit jamais oublier qu'elle a l'honneur de tirer son extraction de l'auguste maison de France, ce qui lui est une sûreté au cas du voisinage d'un prince français; si elle ne doit jamais perdre la mémoire qu'elle doit à la France le projet et les moyens qui l'ont rétablie sur le trône, et les secours qui ont forcé l'Espagne à reconnaître son droit, le roi Don Pedro pourra se faire un intérêt en faveur de la France.

Surtout la prudence lui doit conseiller, s'il ne peut obtenir l'Espagne ou qu'il n'ose se porter pour la France, de se contenir dans une exacte neutralité, crainte du ressentiment de cette couronne, dont la puissance ne sera toujours que trop grande pour le punir de son ingratitude, et d'autant plus facilement que la France n'a qu'à l'abandonner pour que l'on voie bientôt son sceptre lui tomber des mains et ses états réduits en provinces; car, quant à la maison d'Autriche, la maison de Bragance a tout à en appréhender tant qu'elle possédera les Espagnes, et rien dès qu'elle sera renvoyée en son Allemagne.

Si le malheur qu'a la France de voir ses meilleurs amis devenir ses ennemis, que les intrigues s'en mêlent, l'alliance d'entre l'Empereur et le roi de Portugal et cent mauvaises raisons formeront un prétexte sous lequel le roi Don Pedro pourra se porter pour l'archiduc.

En un mot, en cas que les Espagnes ne s'accordent point unanimement, les Portugais pourront,

à cause de leur proximité, être d'un grand poids
dans cette affaire, y servir ou y nuire beaucoup.

Je ne dois pas entreprendre de parler de l'Archiduc que je n'ai jamais vu : c'est à mes collè-
gues, qui sont à Vienne, à en faire le portrait.

Le Dauphin est un prince de bonne santé et de
grand exercice, qui a de la modestie et de la re-
tenue, et tant de bonté, qu'il n'a jamais fâché ni
désobligé personne, qui a conservé pour le Roi un
tel respect et une obéissance si grande qu'il ne
s'est jamais émancipé à demander aucune grâce ni
pour lui-même, ni pour un autre, et a attendu de
Sa Majesté le traitement qu'elle a voulu lui faire
avec une soumission extrême.

Une conduite si étudiée, si constante, paraît être
d'un homme d'un bon entendement, qui connaît
avoir affaire à un père et maître jaloux de son
autorité, et capable de la soutenir.

La princesse douairière de Conti, sœur naturelle
du Dauphin, est assez avant dans sa confidence;
mais il a une estime particulière pour le prince de
Conti, qui est vaillant, spirituel, ambitieux, et que
la seule crainte du Roi contient dans de justes
bornes. Lorsqu'il fit le voyage de Pologne, le
Dauphin s'ouvrit à quelques-uns, qu'il trouvait

tous les jours le prince de Conti à redire, et dans l'occasion ce prince ne prétendait pas moins qu'à être premier ministre; après lui le duc de Vendôme pourrait être le plus avant dans la faveur du Dauphin: c'est un des meilleurs hommes du monde, qui fait les délices de la cour, mais aimant les plaisirs; il lui faudrait un second pour lui aider à soutenir le poids des affaires, tel que le cardinal d'Estrées, son parent, qui n'oublierait rien pour s'introduire; à quoi il y a peu d'apparence, le prince de Conti et le duc étant ennemis secrets.

Le Dauphin ne fait point remarquer une grande vivacité: j'ai ouï dire que le Roi, son père, n'en faisait pas autrefois éclater davantage, et n'a commencé à se montrer qu'à la mort du cardinal Mazarin.

Mais après la fermeté du Dauphin dans l'occasion de la déclaration du mariage de madame de Maintenon, la résolution formée et le conseil pris sur-le-champ de lui-même, il est impossible de ne pas faire un jugement avantageux de son esprit: elle avait fait auprès du Roi un effort, et Sa Majesté y avait consenti, à condition que l'on rendît la chose agréable au Dauphin; l'archevêque de Paris, homme pieux, frère du maréchal duc de Noailles,

se chargea d'en parler au Dauphin ; on m'a assuré
que le Dauphin fit ouvrir une fenêtre, et répondit : « Si un autre qu'un prêtre et un évêque me
« faisait cette proposition, je le ferais jeter par cette
« fenêtre » ; riposte véritablement très-juste.

Le duc de Bourgogne est le prince de la plus
grande espérance qu'il y ait jamais eu, qui, dans
un corps délicat que l'âge et le temps peuvent
rendre plus robuste, a un esprit d'une vivacité,
d'une étendue et d'une ambition extraordinaires ;
avec cette vivacité, il est taciturne et parle peu
(parties rares dans un même sujet). Non-seulement
il s'élève de lui-même à la connaissance de toutes
les sciences, comme les langues, la philosophie et
les mathématiques, mais, ce qui est important, à
la connaissance de l'histoire ancienne et moderne,
à la connaissance des intérêts des princes, et fait
sa lecture ordinaire de Tacite dans l'original en
latin, et ayant la mémoire heureuse, fait des pro-
grès surprenants dans tout ce qu'il veut apprendre.
Il a méprisé tous les jeux et divertissements des
enfants, pour s'enfermer dans son cabinet enrichi
d'une bibliothèque choisie, d'instruments de mathématiques, de cartes de géographie, de plans de
places fortes, et y passe plusieurs heures chaque

jour à s'instruire de tout ce qu'un grand prince
doit savoir; il sait dessiner parfaitement, et l'on
prendrait presque pour des estampes ce qui part
de sa plume; il sait lever des plans et les faire
comme un ingénieur.

Ses deux frères ont la même ouverture d'esprit.
Le duc d'Anjou est le mieux fait et a l'humeur la
plus douce, mais tient un peu de la taciturnité de
son aîné; cette douceur le rend plus agréable à la
cour, qui est en crainte de la hauteur du duc de
Bourgogne. Le duc de Berri parle beaucoup, est
vif et ardent; tous deux sont encore d'une belle
espérance, connaissent la grandeur de leur extraction, et qu'ils sont appelés à la succession des
Espagnes, dont, dans les rencontres, ils ont tenu
quelques discours entre eux avec émulation.

Je ne dirai plus qu'un mot du duc de Bourgogne.
Étant, peu après son mariage, dans la chambre de
madame de Maintenon, froid, rêveur, même abs-
trait, elle lui en fit un doux reproche, ajoutant
qu'il semblait qu'il ne la connût pas : « Si fait,
« madame, je vous connais bien, » répondit le
prince, d'un air rude et sévère. Cette repartie la
fit taire elle-même; le duc de Beauvilliers, gou-
verneur du duc de Bourgogne, s'approchant d'elle,

lui dit : « Le temps nous apprendra à quel homme
« nous avons affaire. »

On peut s'attendre que si le Roi mourait il y
aurait un grand changement dans la cour, et que
cette dame en sortirait avec peu de satisfaction,
non pas qu'elle fasse de mal à personne, elle se
conduit avec une grande modestie, mais parce
qu'elle est à charge, odieuse à toute la famille
royale, et qu'on impute à son ambition la facilité
des conditions de la paix si désagréables à toute
la France ; aussi, ayant beaucoup d'esprit, elle ne se
le ferait pas dire, et aurait bientôt pris son parti.

La petite duchesse de Bourgogne est fine et
méchante ; elle hait à la mort, sans sujet, la duchesse de Lude, sa dame d'honneur, la contrefait
et s'en moque ; mais elle a une complaisance ser-
vile pour madame de Maintenon, qu'elle appelle
en particulier sa bonne maman ; le duc et la duchesse de Bourgogne se montrent fort indifférents
l'un pour l'autre.

Me voici à l'exposition des réflexions que j'ai
faites sur l'intérêt de la succession d'Espagne, qui
sembleront peut-être singulières à ceux qui n'ont
pas reconnu de près la constitution de l'Angleterre,
de la Hollande, de l'Espagne et de la France, et

qui ne raisonnent que sur des maximes générales qui changent à proportion qu'il se fait des changements dans les États; j'y ai donné toute l'application dont j'ai été capable, et, pour balancer les choses avec justesse, j'ai tâché de me dépouiller du penchant que, sans s'en apercevoir, on prend quelquefois pour une opinion.

L'Angleterre, la Hollande, qu'un même esprit anime, et les puissances qui suivent les mouvements de celles-ci, paraissent s'en vouloir donner beaucoup pour empêcher que la monarchie d'Espagne ne tombe entre les mains de l'Archiduc, et encore plus d'un prince français. Les Espagnols ont paru avoir acquiescé à ce projet, en engageant le roi d'Espagne à confirmer par un testament celui du roi, son frère, par lequel le prince électoral de Bavière a été appelé à la succession des Espagnes, à son défaut l'Empereur, et au défaut de l'Empereur, le duc de Savoie.

Je n'entrerai point dans la discussion du droit du Dauphin. La mort du prince électoral de Bavière a tranché ce qu'on pouvait lui opposer à son sujet.

L'Empereur de son côté forme hautement ses prétentions. Cette entreprise du roi Guillaume

d'Angleterre et des États de Hollande de disposer
de la succession des Espagnes, d'en priver le Dauphin ou l'Empereur, et de les en leurrer l'un pour
l'autre, est une insolence et une dérision manifeste.
Ces princes trouveraient bien des gens s'ils pou-
vaient s'accorder, et partager entre eux le morceau
que l'on leur veut ôter, et préviendraient bien
aisément toutes ces intrigues.

Enfin, le plus grand affront qui puisse arriver
aux Bourbons est d'être exclus de la succession
des Espagnes, comme ce serait un déplaisir bien
sensible au prince d'Autriche de voir sortir de
leur maison tant de Royaumes et d'États; mais
tous ces intérêts doivent peu toucher les Espagnols :
leur affaire est d'embrasser uniquememt ce qui
leur convient, ce qu'il me semble qu'ils peuvent
reconnaître avec évidence.

Il n'est pas trop facile de décider du véritable
intérêt des Français, qu'on peut peut-être distin-
guer et séparer d'avec l'intérêt de la maison royale.

Je commencerai par les intérêts des Espagnols,
que j'exposerai sans dissimulation, avec la fidélité
que je dois à la République, sans craindre de
pouvoir déplaire. Le Sénat devant toujours avoir
devant les yeux quels sont les terribles conseils

de ces pères des Castillans, quelle fut la conjuration du comte de Gondemar[1], et qu'il serait bon qu'il entrât un peu de la franchise française et de son indiscrétion dans le conseil d'Espagne, pour en rendre les déterminations moins dangereuses, les ressorts moins couverts, et l'amitié de la République plus nécessaire à Sa Majesté Impériale, dont la puissance et le voisinage deviennent redoutables.

Je trancherai tout d'un coup qu'il faut que le Ciel qui donne les couronnes, aveugle les Espagnols, leur ôte le sens et la raison, s'ils prennent un roi dans une autre maison que celle de France.

La justice et le droit veulent également qu'ils couronnent le Dauphin, à condition qu'il veuille régner en Espagne, et y mener un de ses fils pour y être nourri à l'espagnole, même marié et lui succéder, lors de l'ouverture à la succession de la couronne de France.

Il n'y a aucun tempérament raisonnable auquel on ne doive croire que le conseil de France acquiescera aisément.

La justice et le droit ne doivent point être si fort méprisés, qu'il ne faille examiner les inconvénients qui s'ensuivront.

---

1. C'est le marquis de Bedmar que l'auteur a voulu dire.

Il faut faire violence aux lois, au droit du sang;
il faut placer par la force un usurpateur sur le
trône; quel que soit le prétexte dont on voudra
colorer ce forfait, la maison de France sera toujours en droit comme en volonté d'en tirer vengeance; nul traité, nulle paix ne pourra jamais
effacer cette injure; le moment fatal viendra que
la tranquillité publique sera traversée par une
guerre effroyable, dont la tempête écrasera quelques-uns, peut-être celui qui s'y sera le moins attendu; il sera indifférent à la France sur qui elle
se récompensera, tout lui sera bon, tout lui sera
également ennemi, pourvu qu'elle se venge.

Les Espagnols ont de grands intérêts de con-
server sans démembrement leur monarchie, dont
les liens qui en attachent les pièces se divisent et
commencent à s'user. Ils sont impuissants pour
soutenir seuls une guerre; ils ont besoin de s'as-
surer une paix éternelle dans toutes les parties de
leurs États, et d'un défenseur contre les maux
dont ils sont menacés; l'unique remède est de
mettre sur le trône un prince français.

Je ne parle point de la prétendue antipathie
entre les Français et les Espagnols; c'est une illusion
qui finira avec la fin de leurs différents, et alors

la valeur et les autres bonnes qualités que possèdent éminemment les honnêtes gens des deux nations, convertiront en estime l'envie et la haine.

La mort du roi Guillaume d'Angleterre, quelques-unes de ces résolutions auxquelles les Anglais sont si sujets, vont bientôt prêter un grand champ aux princes français et au prince de Galles, à celui-ci pour remonter sur le trône de ses pères, et à ceux-là pour venger leurs droits contre l'usurpateur des Espagnes, dont les États seront ouverts à leurs armes, et alors sans défense. Six, huit ou dix années au plus, réduisent les affaires de l'Europe à ce point, et mettent celles du Turc en état de recommencer la guerre.

Il est constant que la France n'a pas fait la paix par nécessité ; le Roi qui pouvait continuer la guerre avec avantage, a fait la paix parce que Dieu la lui a inspirée ; cela a été la volonté du Ciel ; au contraire, les Anglais et les Hollandais ont consenti à la paix par force, ne pouvant plus soutenir la guerre. La vie seule du Roi maintient la paix. J'ai déja dit que cette paix avait été très-mal reçue et si généralement blâmée, que les harengères de Paris criaient qu'elles auraient mieux aimé payer la capitation encore plusieurs années.

L'esprit de vengeance contre la Hollande est dans le cœur de tous les Français, ils auront autant de joie de voir recommencer la guerre qu'ils ont eu de dépit de la voir finir par l'abandon de tant de places et de pays.

Dès que le Roi sera mort, la cour, composée de jeunesse, ne pourra jamais tenir contre le vœu du public; elle y concourra et se portera d'elle-même à la guerre.

Le nouveau roi sera piqué de la gloire de réparer ce que son prédécesseur a manqué, et de le surpasser en courage et en conseil; il trouvera, comme autrefois Alexandre, tous les préparatifs faits par son père; c'est l'unique moyen par lequel le nouveau monarque pourra imposer au monde, et se donner de la réputation; par quel autre endroit pourrait-il surpasser son père? Le Roi qui a fait de grandes choses pour le dehors a employé son autorité plus utilement qu'aucun de ses prédécesseurs, pour faire exécuter les lois, réprimer l'insolence, et mettre l'ordre dans le dedans de l'empire; et qui peut dire que cette paix n'est pas l'ouvrage de la prudence la plus consommée, qui ne veut rien donner au hasard, caractère que le Roi a toujours marqué? Il a vu contre lui un monde d'ennemis opiniâtres et désespérés. La diversion du Turc prête à finir, il a voulu les désarmer par un traité qui, donnant lieu aux Anglais de faire des réflexions plus saines sur leurs engagements, pût produire la rupture d'une ligue à laquelle sans profit ils mettaient le plus, et présenter avec le temps des occasions plus commodes et plus favorables à la France.

Il faudrait que les Espagnols fussent dépourvus de prévoyance et de précaution pour s'exposer à des maux certains, par complaisance pour les intrigues de leur reine. Les promesses du roi Guillaume d'Angleterre et des Hollandais sont si peu assurées et fragiles, et par rapport pour l'Empereur qui, en leur envoyant son archiduc, ne leur enverra pas un Dieu tutélaire, mais le flambeau qui allumera le feu dans les entrailles de leur monarchie.

La reine a intérêt d'amasser de l'argent, de plaire à la cour de Vienne, de s'appuyer de la présence de l'Archiduc, son neveu, crainte d'être obligée d'aller mener une vie privée et dévote en Allemagne; le prince d'Orange, de troubler la France aux dépens de l'argent et du repos des autres pour régner, et ne pas tomber dans la catastrophe ordinaire des usurpateurs; l'Empereur, tout dévot qu'il est, de mettre les Espagnes dans sa maison, quoique ce soit une injustice, et prendre le bien d'autrui ; mais tous ces intérêts sont bien étrangers à ceux des Espagnols dont la sûreté et l'utilité est toute dans le choix d'un prince français, parce qu'ils n'auront plus rien à craindre, préviendront tous les périls, s'assureront une paix éternelle, conserveront leur monarchie en entier, et se trouveront défendus par les Français dans toutes les parties du monde, et dans leurs Indes si enviées et menacées des étrangers.

Ce point qui regarde les Indes est si principal, que les expéditions des Anglais et Hollandais dans l'Amérique forcèrent Philippe second à faire la paix avec ceux-ci, et à les reconnaître pour libres.

Les Espagnols ont à considérer que la constitution de toute l'Europe est telle qu'aucune puissance n'y peut entreprendre, ni s'accroître qu'aux dépens et des débris de leur monarchie qui est sur son penchant et tombe.

Il n'y a qu'un prince français qui puisse faire un miracle de la soutenir et de la sauver. Comme ils doivent s'attendre, faisant un autre choix, à la voir démembrée par des ennemis aussi puissants, aussi préparés et aussi prêts à la main que sont les

Français ; quelque traité que l'on puisse interposer, il ne s'entretiendra que son temps. L'heure viendra enfin infailliblement en dépit des Hollandais, et eux, et bien d'autres n'y trouvant autre remède, chercheront à profiter et prendre leur part.

Alors les Espagnols verront éclore les vieux desseins des Anglais et Hollandais sur l'Amérique. Quelles forces maritimes les Espagnols ont-ils pour la défendre contre de tels ennemis?

Il y a même apparence que les Anglais n'attendront pas un jour, que leur insolence devenue excessive par la soumission de l'Irlande, l'établissement du pouvoir arbitraire du parlement et les succès de la paix ne les porte à entreprendre contre les faibles, et que, sans respecter la paix, ils n'aillent attaquer l'Amérique, à quoi ils sont conviés par le besoin pressant de réparer leurs pertes et leur commerce, et l'évidence de n'avoir rien à faire de plus avantageux, ni de pouvoir travailler trop tôt, ni dans un temps plus favorable ; ce sera au dire des Anglais, un différent de pirates, qui ne doit point tirer à conséquence dans l'Europe ; ils se moqueront des Espagnols jusques à leur vouloir faire croire que ce sont des affaires de l'autre monde.

Ce fut sur ce principe de profiter de la faiblesse

et des pertes des Espagnols, que Cromwel, dont
le roi Guillaume d'Angleterre suit parfaitement la
politique en ce qui lui convient, rejeta l'alliance
des Espagnols, tant de fois offerte, et rechercha
celle de la France. Ses gendres lui représentaient
la gloire d'être l'arbitre de l'Europe, et d'en tenir
la balance, folie des Anglais, dont le dernier accès
leur a coûté le crime d'une horrible révolution,
causé un épuisement, et laissé une faiblesse de
laquelle ils ne reviendront d'un siècle.

Le politique Cromwel se moqua de ses gendres,
et leur répondit : « Les Espagnols n'ont ni le moyen
« ni la force de se défendre; il n'y a, en s'alliant
« avec eux, qu'à y mettre du sien et à se ruiner.
« Ma gloire sera plus grande, et l'utilité de l'An-
« gleterre certaine, en profitant de leurs pertes,
« et acquérant des places en Flandre où je me
« rendrai également considérable à la Hollande et
« à la France, et assurerai la Manche et le com-
« merce à la nation. »

Le vaste empire romain est un exemple fameux
qu'il n'y a puissance qui ne finisse; l'Espagne est
déja tronquée du Portugal, des sept Provinces-
Unies et de la plus importante partie des provinces
de Flandre; ce qui reste de cette dernière pierre

se réduit à quatre ou cinq places serrées dans un petit pays qui, seul, ne peut donner la subsistance à une armée capable de les défendre contre trois cent mille hommes que les Français ont toujours sur pied et à portée.

La vie du roi Guillaume d'Angleterre entretient la paix entre l'Angleterre et la Hollande. Sa mort, rompant le charme qui assoupit la haine et l'incompatibilité des deux nations, elles recourront aussitôt aux armes pour s'entre-disputer l'empire de la mer. C'est là le véritable intérêt de l'Angleterre, auquel il faudra qu'elle revienne; qui, ayant des bornes marquées par la nature qui l'affranchissent de la crainte des autres nations, à quelque puissance qu'elle puisse monter, ne doit songer qu'à rendre ses peuples riches et heureux par le commerce et la paix, et à rire et profiter de l'abaissement des Hollandais, leurs concurrents et véritables ennemis, sans se soucier plus que de raison des guerres de l'Europe ou des pertes de l'Espagne et de la France.

Si l'honneur de la maison royale de Bourbon ne peut lui permettre la perte injuste et injurieuse des couronnes de la succession d'Espagne, sans s'en ressentir, les Français pourraient s'en consoler.

Cette proposition paraîtra peut-être moins étrange quand on voudra entrer dans les considérations qui la peuvent soutenir; la première est que la France se trouvera obligée en de perpétuelles dépenses pour défendre l'Espagne, sans espérance du réciproque à cause de l'impuissance et du mauvais état de l'Espagne qui, dans toutes ses parties est sans forces, sans défense, et sans aucune apparence de pouvoir jamais revenir de cette faiblesse, sans ressource, sans hommes, sans argent. Faites revenir un Ximénès, un Charles-Quint, ils ne pourraient rétablir la mauvaise constitution de leur monarchie; la Flandre, l'Italie, les Indes consomment à l'Espagne autant d'hommes tous les ans qu'une juste guerre; et les richesses des Indes, autrefois pour l'Espagne seule, ont pris le cours irréparable d'entrer dans le commerce des Hollandais, des Anglais, des Français et des autres nations.

L'Espagne ne paraît que prêter son nom dans les affaires que la France aurait. Son entremise serait réduite à quelques offices aussi impuissants que mal soutenus de ses ambassadeurs; il est hors de doute que pas un Français n'entrera jamais dans les conseils, dans les charges ni dans les gouvernements de la monarchie d'Espagne; et enfin la

France pourrait se trouver peut-être dans la nécessité d'aller chercher à son tour un successeur
légitime et un roi dans un prince espagnol.

Le seul intérêt que trouveront les Français sera
la cessation de querelle avec les Espagnols, de
pouvoir jouir d'une profonde paix qui véritablement doit faire le souhait des rois et des peuples
chrétiens.

Les deux couronnes auront cet avantage d'être
affranchies des intrigues insidieuses des autres puissances, qui sont en de perpétuelles mesures pour
les animer l'une contre l'autre, profiter de leurs
différents, dont le roi Guillaume d'Angleterre et
le duc de Savoie sont de grands exemples, et se
rendent considérables tantôt auprès de l'une,
tantôt auprès de l'autre.

Quant à la République et l'Italie, elles ont à appréhender l'ambition de l'Empereur, qui forme des
prétentions d'autant plus incommodes, qu'elles
sont bien fondées, et qui, par la conquête de la
Hongrie, est monté à une puissance que le bon
ordre que son conseil va établir dans ce beau et
fertile royaume, augmentera extraordinairement.
Il aura lieu de regarder avec indifférence, pour ne
pas dire avec satisfaction, qu'il soit privé de la

succession des Espagnes, sans que la puissance de la France soit suspecte, parce que les deux couronnes demeureront séparées, que l'impuissance des Espagnols ne pourra rien ajouter à la puissance de la France, que chaque couronne sera gouvernée par un conseil différent de l'autre et peu concerté, et que bientôt le sang qui se refroidit dans les princes plus aisément que dans les autres hommes, mêlé par de nouvelles alliances, ne se sentira plus de la source de laquelle il sera écoulé.

Je n'ai pensé, suivant le devoir accoutumé des ambassadeurs, qu'à faire un récit sincère de ce que j'ai appris, et de ce qui m'a paru de plus solide durant mon séjour à la cour de France.

J'ai cru important de représenter au Sénat les véritables intérêts de l'Espagne, et les vues dans lesquelles les Espagnols pourraient entrer, selon que ces intérêts sont effectivement, et non point selon que quelques-uns pourraient souhaiter qu'ils fussent; mais on n'oubliera pas d'en détourner les Espagnols par tous les artifices imaginables; et leur ignorance, leur présomption et leur orgueil les éloigneront encore plus que tous les moyens qui y seront employés.